上海市工程建设规范

道路与交通设施规划标准

Standard for road and traffic facilities planning

DG/TJ 08—2393—2021
J 16109—2022

主编单位:上海市城市规划设计研究院
批准部门:上海市住房和城乡建设管理委员会
施行日期:2022 年 6 月 1 日

同济大学出版社

2022　上海

图书在版编目(CIP)数据

道路与交通设施规划标准/上海市城市规划设计研究院主编. —上海：同济大学出版社，2022.10

ISBN 978-7-5765-0363-0

Ⅰ. ①道… Ⅱ. ①上… Ⅲ. ①城市道路－交通设施－技术标准－上海 Ⅳ. ①U412.37-65

中国版本图书馆 CIP 数据核字(2022)第 157932 号

道路与交通设施规划标准

上海市城市规划设计研究院 **主编**

责任编辑 朱 勇

责任校对 徐春莲

封面设计 陈益平

出版发行 同济大学出版社 www.tongjipress.com.cn

(地址:上海市四平路 1239 号 邮编：200092 电话:021－65985622)

经 销 全国各地新华书店

印 刷 浦江求真印务有限公司

开 本 889mm×1194mm 1/32

印 张 2.625

字 数 71 000

版 次 2022 年 10 月第 1 版

印 次 2022 年 10 月第 1 次印刷

书 号 ISBN 978-7-5765-0363-0

定 价 25.00 元

上海市住房和城乡建设管理委员会文件

沪建标定〔2021〕842 号

上海市住房和城乡建设管理委员会
关于批准《道路与交通设施规划标准》
为上海市工程建设规范的通知

各有关单位：

由上海市城市规划设计研究院主编的《道路与交通设施规划标准》，经我委审核，现批准为上海市工程建设规范，统一编号为 DG/TJ 08—2393—2021，自 2022 年 6 月 1 日起实施。

本标准由上海市住房和城乡建设管理委员会负责管理，上海市城市规划设计研究院负责解释。

特此通知。

上海市住房和城乡建设管理委员会

二〇二一年十二月二十四日

前　言

为指导本市道路与交通设施规划的编制、完善行业与地方标准、衔接国土空间规划，根据上海市住房和城乡建设管理委员会《关于印发〈2019 年上海市工程建设规范、建筑标准设计编制计划〉的通知》（沪建标定〔2018〕753 号）要求，由上海市城市规划设计研究院会同有关单位组成的标准编制组，经充分调查研究，认真总结实践经验，结合新的发展形势和要求，参考有关标准和规范，并在广泛征求意见的基础上，编制了本标准。

本标准主要内容有：总则；术语；道路系统；道路附属设施；客运枢纽；货运枢纽；停车设施；公交场站；港口设施；交通能源（加注）站；绿道；交通广场等。

各有关单位及相关人员在执行本标准过程中，如有意见或建议，请反馈至上海市规划和自然资源局（地址：上海市北京西路 99 号；邮编：200003；E-mail：guihuaziyuanfagui@126.com），上海市城市规划设计研究院（地址：上海市铜仁路 331 号；邮编：200040；E-mail：hisenze@126.com），上海市建筑建材业市场管理总站（地址：上海市小木桥路 683 号；邮编：200032；E-mail：shgcbz@163.com），以便日后修订时参考。

主 编 单 位：上海市城市规划设计研究院

参 编 单 位：上海市地质调查研究院

上海市浦东新区规划设计研究院

同济大学建筑设计研究院（集团）有限公司

上海市城市建设设计研究总院（集团）有限公司

上海建筑设计研究院有限公司

主要起草人: 高　岳　郎益顺　易伟忠　沈海洲　朱春节
李耀鼎　苏红娟　訾海波　朱伟刚　卢佳乐
陈丽烨　孙　硕　蔡明霞　邵　瑛　蔡逸峰
郑明伟　蒋相华　姜世峰　张　华　缪云涛
赵　莉　代　兵　聂　琛　范　华　徐小峰
朱　蕾　蒋应红　刘伟杰　赵红坡　陈可心
陈晓斌

主要审查人: 沈人德　叶贵勋　陈小鸿　刘　冰　王维凤
刘广红　胡志辉

上海市建筑建材业市场管理总站

目　次

Contents

1 总 则

1.0.1 为落实《上海市城市总体规划(2017—2035 年)》,贯彻节约集约用地要求,保障交通可持续发展,服务道路与交通设施规划编制,制定本标准。

1.0.2 本标准适用于国土空间规划体系下总体规划层次、单元规划层次和详细规划层次中的道路与交通设施规划。

1.0.3 道路与交通设施规划应符合国土空间规划,按照发展阶段和综合交通体系规划要求,综合考虑社会、经济和环境效益,合理采用技术标准。

1.0.4 道路与交通设施规划除应符合本标准外,尚应符合国家、行业和本市现行有关标准的规定。

2 术 语

2.0.1 道路 road

供行人、非机动车和机动车等通行的交通空间，包括城市道路、公路和村庄道路等。

2.0.2 村庄道路 village road

村域内公路以外属性的道路。

2.0.3 道路附属设施 road ancillary facilities

保障道路运行和管理的交通设施，包括收费设施、服务设施和养护管理设施等。

2.0.4 客运枢纽 passenger transfer hub

为乘客集散和多种交通方式转换提供服务的客运线网(路)组织中心，并为交通线路运行、调度提供合理有效的场地，主要承担区域和城市客运服务功能。

2.0.5 货运枢纽 freight transfer hub

具有公共或专用货物组织功能的场所，服务 2 种(含)以上运输方式，具有货物集散、仓储和中转运输等功能。

2.0.6 公交枢纽站 bus and trolley bus interchange station

为 3 条(含)以上公共汽电车线路提供起止、换乘服务，并具备多种配套功能的场所。

2.0.7 停车设施 parking facilities

供机动车和非机动车停放的场所，包括公共停车场(库)和配建停车场(库)。

2.0.8 交通能源(加注)站 transportation energy (filling) station

具有为机动车或船舶加注燃油、燃气、氢气、电能等能源的交通能源储存设施，并可提供其他便利服务的场所。

2.0.9 绿道 greenway

依托道路、绿地和水系等形成的连续绿色开敞空间。

2.0.10 交通广场 traffic square

供人流和车流集散的公共空间。

2.0.11 城市开发边界 urban development boundary

涵盖建成区和规划期内拟拓展的建设用地范围，具体包括主城区、新城、新市镇镇区、工业园区（产业基地）、特定大型公共设施等城市集中建设区。

2.0.12 公共汽电车标准车 standard vehicle of bus and trolley bus

车身长 12 m、宽 2.5 m、高 3.5 m 的公共汽电车。

3 道路系统

3.1 一般规定

3.1.1 道路系统是交通运输的重要载体，应结合国土空间规划体系分层、分级确定。

3.1.2 道路系统规划是道路选线规划的依据，应结合城市用地规划布局和区域交通运输需求，确定道路系统的网络布局、功能定位、道路等级以及宽度控制等。

3.2 分类体系

3.2.1 道路包括城市道路、公路和村庄道路等。城市道路包括快速路、主干路、次干路、支路及公共通道。快速路分为城市快速路和专用快速路，专用快速路以服务机场、港口和铁路客站等为主。

3.2.2 公路包括高速公路、主要公路、次要公路和一般公路。依据国土空间规划和骨干路网规划，结合区域一体化和城乡统筹发展要求，确定高速公路、主要公路、次要公路及一般公路的行政等级。

3.2.3 主要公路的技术等级宜为一级公路和二级公路；次要公路的技术等级宜为二级公路和三级公路；一般公路的技术等级宜为三级公路和四级公路。

3.2.4 城镇化地区的公路具有公路和城市道路双重功能。高速公路城镇段宜采用城市快速路建设标准，主要公路城镇段宜采用城市主干路建设标准，次要公路城镇段宜采用城市次干路或主干路建设标准，一般公路城镇段宜采用城市支路建设标准。

3.2.5 道路立体交叉分为互通式立体交叉和分离式立体交叉，互通式立体交叉分为枢纽立体交叉和一般立体交叉。

3.2.6 隔离带分为公路隔离带和城市道路隔离带。公路隔离带内不应新建、改建、扩建建筑物，但可耕种或绿化；经规划资源部门批准，隔离带内可开挖沟渠、埋设管道、架设杆线、开辟服务性车道及设置轨道交通附属设施等。

3.2.7 快速路、周边环境要求较高的主干路宜设置隔离带，为市政干线管网等预留空间。

3.3 系统布局

3.3.1 道路系统布局应与生产、生活和生态空间有机结合，道路选线应满足生态保护红线、永久基本农田保护红线、城市开发边界和文化保护控制线的管控要求。

3.3.2 高速公路和主要公路宜在城镇范围外设置，次要公路和一般公路宜避免穿越镇区或村庄生活区。

3.3.3 根据道路网组织要求，高速公路互通式立体交叉可限制互通方向，高速公路一般立体交叉原则上宜在城镇边缘设置，机场、港口等专用快速路宜限制沿线交通接入，承担重要功能区集疏运、特种运输组织的道路应限制沿线生活性交通接入。

3.3.4 高速公路互通式立体交叉间距不宜小于 4.0 km，高速公路出入口间距应符合现行行业标准《公路立体交叉设计细则》JTG/T D21 的规定。主要公路沿线平面交叉口间距不宜小于 1.0 km，城镇段不宜小于 700 m。次要公路沿线平面交叉口间距不宜小于 500 m，城镇段不宜小于 400 m。

3.3.5 城市道路网布局应因地制宜，综合多种因素确定，一般宜选择方格网布局。城市道路网密度不宜低于 8 km/km^2，不同区域或不同功能分区的道路网密度，应根据交通需求、交通政策和交通设施配置水平合理选取。

3.3.6 快速路枢纽立体交叉间距宜为 2.5 km～4.0 km，快速路出入口间距应符合现行行业标准《城市快速路设计规程》CJJ 129 的规定。城市快速路互通式立体交叉最小间距不宜小于 1.2 km，专用快速路互通式立体交叉最小间距不宜小于 1.5 km。

3.3.7 城市主干路、次干路和支路沿线平面交叉口间距应结合用地布局规划、公共活动中心网络规划和路网密度要求等综合确定。

3.3.8 历史存留的海塘路、堤防路及具有风貌保留条件的道路等，宜在保障基本功能的基础上开展专题研究，确定规划保护要求和措施。

3.3.9 公共通道不宜与主干路直接相连。允许机动车通行的公共通道与城市道路交叉口距离应符合现行行业标准《城市道路交叉口设计规程》CJJ 152 的规定。

3.3.10 设有轨道交通车站出入口及其他设施的人行道，应保障人流疏散和基本的步行空间。

3.4 用地标准

3.4.1 公路红线宽度和隔离带宽度应符合表 3.4.1 的规定。崇明三岛及长三角一体化示范区等生态要求高、交通运输需求较低的区域可结合具体情况适当调整。

表 3.4.1 公路红线及隔离带宽度

公路等级	高速公路	主要公路	次要公路	一般公路
机动车道数(条)	6～8	6～8	4～6	2～4
红线宽度(m)	45～60	35～50	30～40	16～30
单侧隔离带宽度(m)	50	20	10	5

3.4.2 城市道路红线宽度应符合表 3.4.2 的规定。快速路匝道段应结合具体方案研究确定，一般不宜超过红线宽度的 40%。公共

通道宽度宜在 16 m 以内。

表 3.4.2 城市道路红线宽度

道路等级	快速路	主干路	次干路	支路
机动车道数(条)	6～8	6～8	4～6	2～4
红线宽度(m)	45～60	40～55	28～40	12～24

3.4.3 地下道路应由隧道控制线或道路红线规划控制，隧道控制线为地下道路结构外边线外推 10 m 的平行线。

3.4.4 道路立体交叉用地规模应符合现行国家标准《城市综合交通体系规划标准》GB/T 51328 和现行上海市工程建设规范《城市道路立体交叉规划与设计标准》DG/TJ 08—2283 的规定。

3.4.5 城市道路及 8 m 以上的村庄道路宜采用道路用地(S1)予以规划控制，公共通道可采用广场用地(S5)予以规划控制，公路应以公路用地(T2)予以规划控制。

4 道路附属设施

4.1 一般规定

4.1.1 道路附属设施是提供道路运输高质量服务的保障。道路附属设施规划应以用地节约、复合利用和满足需要为主要导向。

4.1.2 道路附属设施布局应根据国土空间规划，充分考虑道路、用地和环境等规划建设条件综合确定。

4.2 设施分类

4.2.1 道路附属设施包括服务区、收费设施、管理中心、市境道口综合检查站、养护设施等。

4.2.2 服务区包括高速公路服务区、普通公路服务区和其他服务区。高速公路服务区可分为大型、中型、小型。普通公路服务区可分为服务站和服务点。

4.2.3 收费设施包括收费站管理设施和收费站广场。市境道口综合检查站包括公安检查、交通执法、动物防疫监督检查和卫生防疫检查等设施。

4.2.4 管理中心分为高速公路、快速路、桥隧和地下道路管理中心等。养护设施分为养护工区、道班房和桥隧养护管理站。

4.3 设施布局

4.3.1 高速公路服务区间距以 50 km 为宜。作为干线的一、二级公路可设置普通公路服务区，间距以 30 km 为宜。普通公路服务区宜在上海绕城高速以外地区选址。

4.3.2 高速公路、快速路应全网统筹管理中心布局。桥隧管理中心宜以桥梁、隧道群为单位统筹布局。桥隧和地下道路管理中心的位置应便于日常维护管理以及在突发事件下应急处置。

4.3.3 养护工区一般在高速公路和一级公路旁设置，高速公路养护工区应全网统筹设置。道班房主要在二、三、四级公路和城市主、次干路旁设置。桥隧养护管理站一般在特大桥梁、特长隧道或桥梁、隧道群处结合相关设施设置。

4.3.4 管理中心、养护设施可利用高架道路和桥梁等设施的下方空间。

4.4 用地标准

4.4.1 对外高速公路服务区宜以大型为主。高速公路服务区用地规模应符合表 4.4.1 的规定。

表 4.4.1 高速公路服务区用地规模

类型	一侧停车规模(辆)	占地面积(m^2)
大型	80～150	12 000～17 000
中型	50～80	8 500～12 000
小型	30～50	6 500～9 000

4.4.2 普通公路服务区宜结合公共设施用地规划建设。普通公路服务区用地规模应符合表 4.4.2 的规定。

表 4.4.2 普通公路服务区用地规模

类型	公路等级	占地面积(m^2)
服务站	一、二级公路	3 000～4 000
服务点	一、二级公路	1 000～1 500

4.4.3 高速公路收费站管理用房用地规模应符合表 4.4.3 的规定。高速公路收费站广场用地规模应按交通量和收费车道服务水平等确定。

表 4.4.3 高速公路收费站管理用房用地规模及建筑面积

型式		占地面积（m^2）	建筑面积（m^2）
主线收费站	含主线收费、通信监控站	2 330～2 670	700～800
	含主线收费、通信监控站、路政用房	2 660～3 000	850～950
	含主线收费、通信监控站、路政用房、交警用房	4 000～4 670	1 250～1 350
	含主线收费、通信监控站、路政用房、交警用房、路段管理用房	8 000～8 670	2 500
匝道收费站	3～5 车道数	800～1 000	250～300
	5～10 车道数	1 330～1 670	450～550

4.4.4 市境道口综合检查站用地规模应符合表 4.4.4 的规定。高速公路的市境道口综合检查站应结合高速公路服务区设置，用地规模应结合具体方案研究确定。

表 4.4.4 市境道口综合检查站用地规模

道路等级	占地面积（m^2）
主要公路	3 500～5 000
次要公路	2 500～3 500
一般公路	1 500～2 500

4.4.5 养护工区占地面积不宜超过 25 000 m^2/处，可结合收费站管理设施设置。道班房占地面积不宜超过 3 000 m^2/处。

4.4.6 单独设置的桥隧管理中心占地面积不宜超过 2 500 m^2，合建的桥隧管理中心用地面积宜按每增加 1 座桥（隧）增加 1 000 m^2 配置。中心城内新建黄浦江越江桥梁、隧道的管理中心宜合建。

4.4.7 城市道路附属设施应以其他交通设施用地（S9）予以规划控制，公路附属设施应以公路用地（T2）予以规划控制。

5 客运枢纽

5.1 一般规定

5.1.1 客运枢纽布局应与城市用地规划相协调，强化土地复合利用，并应与对外和市内多种交通方式相衔接。

5.1.2 客运枢纽布局应按照“统一规划、分级落实”的原则，纳入国土空间规划体系，并兼顾刚性和弹性。

5.2 设施分类

5.2.1 客运枢纽应根据功能、规模和交通转换方式的不同，分为对外客运枢纽、市内客运枢纽和为特定设施服务的客运枢纽。

5.2.2 对外客运枢纽分为国际（国家）级枢纽、区域级枢纽和城市级枢纽，市内客运枢纽分为市域枢纽和大型换乘枢纽。

5.3 设施布局

5.3.1 国际（国家）级枢纽应依托航空枢纽及干线铁路主要客站一体化设置，应配套长途客运站等区域交通设施，并与市内集散交通系统相衔接。

5.3.2 区域级枢纽应结合干线铁路主要客站布局，宜配套长途客运站等区域交通设施，并与市内集散交通系统相衔接。

5.3.3 城市级枢纽应结合铁路辅助客站及市域线核心换乘站设置，宜配套轨道交通车站、公交枢纽站、社会停车场等市内交通设施。

5.3.4 市域枢纽应结合主城区多模式轨道交通转换节点以及新城、核心镇和中心镇的市域线转换节点设置，并与其他交通设施相结合。

5.3.5 大型换乘枢纽宜结合公共活动中心设置，主要依托主城区轨道交通三线（含）以上换乘站，新城、核心镇和中心镇的镇区轨道交通两线（含）以上换乘站。

5.3.6 为特定设施服务的客运枢纽应结合邮轮码头、主题乐园以及大型体育场馆等大型公共活动场所设置，宜配套轨道交通车站、公交枢纽站、旅游大巴停车场、社会停车场等设施。

5.4 用地标准

5.4.1 国际（国家）级、区域级客运枢纽应采用独立用地布局，城市级客运枢纽在条件允许的情况下宜综合设置，市内客运枢纽可结合公共设施用地、社会停车场用地、轨道站线用地等综合设置。

5.4.2 对外客运枢纽用地规模应开展专题研究，市内客运枢纽服务设施应共享，管理用房在满足使用需求的前提下宜集中设置或结合枢纽内其他建筑综合设置。市域枢纽用地规模宜控制在 10 000 m^2 左右，大型换乘枢纽用地规模宜控制在 5 000 m^2 左右。

5.4.3 对外客运枢纽在规划选址阶段、市域枢纽及交通条件比较复杂的大型换乘枢纽在详细规划阶段应开展交通专项规划，并作为交通组织和方案设计的重要依据。

5.4.4 对外客运枢纽应以对外交通用地（T）予以规划控制，市内客运枢纽应以综合交通枢纽用地（S6）予以规划控制，为特定设施服务的客运枢纽应根据功能进一步论证，明确用地类型。

6 货运枢纽

6.1 一般规定

6.1.1 货运枢纽应满足城乡发展需要，并应符合现代物流发展规律。

6.1.2 货运枢纽规划布局应在国土空间规划体系中落实，并应与城乡发展导向相契合。

6.2 设施分类

6.2.1 货运枢纽分为综合货运枢纽、专业物流中心和物流配送中心。

6.2.2 综合货运枢纽是对外及市内货运的主要节点，主要服务口岸物流和生活物资流通。

6.2.3 专业物流中心是产业基地和产业社区发展的重要支撑，主要服务工业物流。

6.2.4 物流配送中心是物流配送体系中的枢纽节点，主要服务城乡物流集散。

6.3 设施布局

6.3.1 货运枢纽布局应符合“口岸物流互通、工业物流集中、城市物流分散”的原则，并应与城市用地规划布局相协调。

6.3.2 综合货运枢纽应结合港口、机场和铁路货站等设施布局，并沿主要国道、通关口岸等配置配载基地，保障司乘人员休息，并提供一定的物流配套服务。

6.3.3 专业物流中心选址应靠近运输需求集中的地区，并应具有良好的交通运输条件，且不应对周边城镇生活造成较大干扰。

6.3.4 物流配送中心选址宜根据社会需求，兼顾经济性和时效性，采用分散式布局。

6.4 用地标准

6.4.1 货运枢纽用地规模应符合现行相关标准的规定，并结合需求确定。

6.4.2 货运枢纽在规划选址阶段应根据需要开展交通专项规划，并作为交通组织和方案设计的重要依据。

6.4.3 综合货运枢宜采用对外交通用地（T）予以规划控制，专业物流中心、物流配送中心宜采用仓储物流用地（W）予以规划控制。

7　停车设施

7.1　一般规定

7.1.1　停车设施的供给应结合城市规划建设情况和交通需求管理，体现区域差别化，并满足安全和综合防灾等要求。
7.1.2　停车设施按规划管理方式分为公共停车场(库)和配建停车场(库)，按服务对象分为机动车停车场(库)和非机动车停车场(库)。
7.1.3　各类机动车停车场(库)应预留新能源车辆充电设施的建设条件。
7.1.4　城市停车设施规划应综合考虑人口规模和密度、土地性质和开发强度、道路交通承载能力、公共交通服务水平等因素，采取停车位总量控制和区域差别化的供给原则，制定停车分区和停车规划策略。

7.2　设施布局

7.2.1　公共停车场(库)布局应符合“小型、分散、就近服务”的原则，宜位于学校、医院、老旧居住区以及轨道交通车站等周边区域。鼓励采用地下停车库、地上多层停车楼和机械式停车库等多种方式，提高停车容量，预留服务远期发展的停车空间。
7.2.2　公共停车场(库)宜与公建设施结合设置。对于大型群众活动的广场、体育场等，应就近设置应急和保障型停车场(库)，并可结合周边公共建筑补充设置。
7.2.3　在需要配置公共停车场(库)的地区，公共停车场(库)的服务半径应结合周边规划用地确定：在公共活动中心不宜大于300 m，在其他地区不宜大于500 m。每处公共停车场（库）的机动车泊位数宜控制在50个～300个，且不宜大于500个。

7.2.4 医院和学校（中小学和幼儿园）应设置临时停车位，提高车位周转率。学校可结合周边道路条件实施分时段路侧停车，鼓励有条件的学校设置地下停车接送系统。

7.2.5 物流园区、工业园区及专业批发市场等应设置货运公共停车场（库）和配载停车场。

7.2.6 游客集散量较大的区域应统筹利用周边建筑、交通枢纽等设置旅游大巴临时停车区。

7.2.7 公共非机动车停车场（库）宜结合公共活动中心、公共服务设施、交通枢纽、轨道交通车站和公交站点等设置。路侧非机动车停车宜按路段分散设置，适度控制规模，保障行人通行空间。

7.2.8 综合考虑交通换乘需求、经济发展水平和道路交通条件等，位于中心城、新城和新市镇边缘的公共交通相对薄弱地区，宜结合轨道交通车站设置“P＋R”停车场（库）。

7.3 规划指标

7.3.1 各类建筑配建停车位指标应符合现行上海市工程建设规范《建筑工程交通设计及停车库（场）设置标准》DG/TJ 08—7的规定。

7.3.2 建筑配建停车位指标应遵循差别化停车供给原则，并应体现公交优先原则，在公共交通服务水平较高、用地资源较为紧张的区域，配建指标可予以折减。

1 轨道交通车站300 m服务范围内的商业服务业、商务办公用地的机动车停车配建标准可按0.8的系数折减，对于步行优先等规划区域可采取更低配置标准。

2 鼓励停车错时共享，建筑综合体中办公类建筑机动车停车配建标准可按0.8的系数折减。

7.3.3 结合轨道交通车站设置的“P＋R”停车场（库）的机动车停车位数不宜大于1 000个，具体停车规模应结合交通需求和规划建设条件等进一步论证。

7.4 用地标准

7.4.1 机动车公共停车场（库）的用地面积和建筑面积应按当量小汽车的停车位数计算。地面停车场的用地面积，每个停车位宜控制在25 m^2～30 m^2；停车楼和地下停车库的建筑面积，每个停车位宜控制在30 m^2～40 m^2；机械式停车库的建筑面积，每个停车位宜控制在15 m^2～25 m^2。

7.4.2 停车场（库）设置的管理用房、停车辅助设施等建筑面积应按不高于1 m^2/机动车停车位的标准设置，且其占地面积不应大于公共停车场（库）总用地面积的5%。

7.4.3 非机动车单个停车位建筑面积宜采用1.5 m^2～1.8 m^2。

7.4.4 公共停车场（库）应以社会停车场用地（S3）予以规划控制。

7.5 综合利用

7.5.1 城市公共停车设施可结合城市公园、绿地、广场、体育场馆及人防设施等规划建设地下停车库。

7.5.2 停车供需矛盾突出的地区新建、改建的建筑在满足建筑配建停车位指标要求之外，可增加公共停车泊位。

7.5.3 在条件许可且不影响道路安全使用的情况下，停车需求缺口较大的区域可利用高架道路下方空间规划建设公共停车场（库）。

8 公交场站

8.1 一般规定

8.1.1 公交场站包括公交首末站、公交枢纽站、公交停车场和公交停保场。

8.1.2 公交首末站、公交枢纽站的主要功能应满足客流集散的需要，提供交通方式或公共交通线路转换，并为公共汽电车车辆的发车、等候发车和调度提供合理有效的场地。

8.1.3 公交停车场应具备为线路运营车辆下线后提供合理的停放空间、场地和必要设施等主要功能，并应满足按规定对车辆进行低级保养和小修作业的需求。

8.1.4 公交停保场应以承担运营车辆的停放以及各级保养任务为核心功能，并应具有相应的车辆充电、配件加工、修制能力和修车材料及燃料的储存、发放等功能。

8.2 设施布局

8.2.1 公交首末站、公交枢纽站的选址应符合下列规定：

1 公交首末站宜设置在居住区、商业区、文化中心和体育中心等主要客流集散点附近，在多种交通方式的衔接点上，宜设置多条线路共用的枢纽站。

2 3万人以上的居住区应设置公交首末站。产业园区内每4万～5万个工作岗位应设置公交首末站。

3 公交首末站宜设置在城市道路用地之外。鼓励公交首末站与周边公共建筑结合设置。

8.2.2 公交停车场、公交停保场应按下列原则进行选址：

1 公交停车场宜分散布局，宜与公交枢纽站合建。

2 主城区内公交停车场布置应优先考虑服务半径覆盖要求，公交停车场服务半径宜控制在 5 km 左右。

3 主城区外公交停车场宜布置在区域性线网的重心处，以减少空驶里程。

4 公交停保场应避免建在交通复杂的闹市区、居住区和主干路旁，宜选择在交通流量较小、比较宽敞和进出方便的次干路附近。

8.3 用地标准

8.3.1 公交首末站、公交枢纽站的规划用地，应考虑综合服务设施需求，并应符合下列规定：

1 中心城内，公交首末站、公交枢纽站规划用地长边不宜小于 55 m，1 条公交线路首末站的用地面积为 600 m^2～900 m^2，2 条公交线路首末站的用地面积不宜大于 1 400 m^2，3 条（含）以上公交线路枢纽站按每增加 1 条公交线路增加 500 m^2 用地面积控制。

2 其他地区，公交首末站、公交枢纽站规划用地长边不宜小于 70 m，1 条公交线路首末站的用地面积为 800 m^2～1 000 m^2，2 条公交线路首末站的用地面积不宜大于 1 600 m^2，3 条（含）以上公交线路枢纽站按每增加 1 条公交线路增加 700 m^2 用地面积控制。

8.3.2 公交停车场、公交停保场应优先考虑立体化建设模式。公交停车场用地面积宜按 70 m^2～120 m^2/标准车确定，公交停保场用地面积宜按 90 m^2～150 m^2/标准车确定。公交停车场、公交停保场的规划用地形状宜规整，因用地条件限制，土地可利用率不高时，可根据具体情况增加用地。

8.3.3 公交场站应以公交场站用地(S4)予以规划控制。

8.4 综合利用

8.4.1 鼓励公交首末站与城市公共建筑结合建设，优先鼓励与社区公共服务设施结合建设。

8.4.2 规划用地紧张的地区，可利用高架桥下空间设置公交首末站和公交枢纽站。

8.4.3 在满足停保功能的前提下，鼓励公交停车场、公交停保场进行综合利用，综合利用应优先考虑缓解周边社区服务设施的供需矛盾，根据社区需求，可与公共停车场、交通枢纽及其他社区活动场所等结合建设。

9 港口设施

9.1 一般规定

9.1.1 港口设施规划应贯彻国家相关方针政策，合理利用资源和能源，满足环境保护等要求。

9.1.2 港口设施规划应在国土空间规划中统筹协调各类空间要素，落实港口设施空间，并预留相应的配套集疏运设施空间。

9.1.3 港口设施布局应通过国土空间规划（总体规划层次）、港口总体规划以及相关系统规划确定。港口设施规划要素应通过国土空间规划（详细规划层次）确定。

9.1.4 港口设施规划应综合考虑风、浪、流、泥、沙等关键影响因素，并与码头前方规划航道等级匹配。

9.2 设施分类

9.2.1 根据所在水域不同，码头可分为海港码头和河港码头。

9.2.2 根据功能定位，码头可分为货运码头、客运码头和非生产性码头等。货运码头以货物装卸为主要功能，包括固体散货码头、液体散货码头、集装箱码头、件杂货码头和滚装码头等；客运码头以人为主要服务对象，包括国际邮轮码头、游船码头、轮渡码头和游艇码头等；非生产性码头主要包括军用码头、公务码头和港航服务码头等。

9.3 设施布局

9.3.1 码头布局应以国土空间规划、港口规划为依据，其中，位于黄浦江核心段(杨浦大桥～徐浦大桥)的游船及轮渡码头、公务码头和游艇码头等码头布局应以黄浦江岸线综合利用规划、沿线单元规划为依据。

9.3.2 大型公共港区应配套相应的集疏运设施,设计年吞吐量超过 500 万 t 的码头应论证铁路线路接入条件和接入方式,促进海铁联运发展。

9.4 用地标准

9.4.1 码头的用地类型、用地规模应根据码头的类型、功能和吞吐量等综合确定,并予以相应控制。

9.4.2 发挥公共港区功能的货运码头应以港口用地(T4)予以规划控制;邮轮、游船及轮渡码头应以公交场站用地(S4)予以规划控制;公务码头应以行政办公用地(C1)予以规划控制;游艇码头应以商业服务业用地(C2)予以规划控制;军用码头应以军事用地(D1)予以规划控制;其他码头应根据码头功能进一步论证,明确用地类型。

9.4.3 海港货运码头的占地规模应根据泊位的设计年吞吐量、船舶吨级、码头总平面布置、装卸工艺和集疏运方式等综合确定。海港货运码头泊位的生产、辅助生产及港内生活建筑,应根据生产需要和当地条件设置。海港货运码头陆域用地规模应符合现行行业标准《海港总体设计规范》JTS 165 的规定。

9.4.4 内河货运码头的生产、辅助生产和港内生活建筑,应根据生产需要和当地条件设置。内河货运码头陆域总占地规模不宜超过表 9.4.4 的规定。在具体项目规划建设阶段,综合考虑吞吐量规模、主要装卸货种等因素,经论证,用地规模可适当增加,增加幅度不应超过 30%。

表 9.4.4 内河货运码头陆域总占地规模

码头吨级	陆域总占地面积(m^2)	陆域纵深(m)
500 吨级	规划岸线长度×120	≤120
1 000 吨级	规划岸线长度×150	≤150

9.4.5 游船码头和轮渡码头可集中设置,共享码头岸线、安检及候船设施和后方集散交通设施。游船码头和轮渡码头可与综合交通枢纽结合建设,受客观条件限制不能结合建设时,距离候船室出入口距离宜在 200 m 范围内。

9.4.6 油气化工码头与航道、锚地、公路桥梁、铁路桥梁、其他货种码头须有一定的安全距离,具体按港口相关规定执行。油气化工码头应远离海滨休闲娱乐区和人口密集的区域,宜布置在远离城市的港区的边缘,与军事设施、水利设施和核电站等重要设施的安全距离应符合相关规定。

10 交通能源(加注)站

10.1 一般规定

10.1.1 交通能源(加注)站规划应坚持节约集约用地和可持续发展的原则。

10.1.2 交通能源(加注)站规划应纳入国土空间规划体系,规划的内容和深度应满足所属规划层次的要求。

10.2 设施分类

10.2.1 交通能源(加注)站按加注的能源类型不同,分为加油站、加气站、加氢站、充(换)电站和综合能源(加注)站。

10.2.2 加气站分为 LPG 加气站、CNG 加气站、LNG 加气站、L-CNG 加气站及各种合建加气站。

10.2.3 汽车充(换)电站是指独立设置的电动汽车充(换)电站和分散式充(换)电站。

10.2.4 综合能源(加注)站是多类型能源的合建站,应符合现行相关标准的规定。

10.3 设施布局

10.3.1 交通能源(加注)站布局应遵循"以需求为导向,兼顾服务半径"的均衡布局原则。

1 交通能源(加注)站的需求与用地布局、用地强度和机动车保有量等相关,交通能源(加注)站的需求预测应根据用地规划和综合交通规划等确定。

2 城市开发边界内的交通能源(加注)站服务半径宜控制在0.9 km~1.2 km,城市开发边界外的交通能源(加注)站服务半径可根据需求适当增大。

3 道路同方向交通能源(加注)站的间距应根据需求量确定,城市开发边界内不宜小于 1.8 km,城市开发边界外不宜小于3 km。

10.3.2 交通能源(加注)站宜沿次干路(次要公路)设置,且地块的长边界宜与道路平行。

10.4 用地标准

10.4.1 交通能源(加注)站的用地规模应根据日均服务车次和主要服务车型等确定。

10.4.2 加油站用地规模应符合表 10.4.2 的规定。

表 10.4.2 加油站用地规模

日均服务车次	300	500	800	1 000
用地规模(m^2)	1 200	1 800	2 500	3 000

10.4.3 货车流量较大区域的交通能源(加注)站,用地规模经论证可适当增加。

10.4.4 交通能源(加注)站的用地形状宜采用矩形,且矩形的长短边之比宜小于 2。

10.4.5 交通能源(加注)站宜以其他交通设施用地(S9)予以规划控制。

10.5 综合利用

10.5.1 新建交通能源(加注)站宜按综合能源(加注)站设置,在满足安全的条件下，鼓励既有能源（加注）站改建为综合能源（加注）站。

10.5.2 在确保安全的情况下，交通能源（加注）站可结合停车场、出租车营业站、物流中心、公路服务区等综合设置。

11 绿 道

11.1 一般规定

11.1.1 绿道宜结合道路、绿地和水系等设置，形成连续的用于休闲健身和绿色出行的网络。

11.1.2 绿道包括游径系统、绿廊系统和附属设施等。游径系统是绿道的基本要素，是线性通行空间。绿廊系统是绿道的生态基底，是由植物群落和河道水系等构成的蓝绿空间。附属设施是绿道的辅助要素，包括服务设施、标识设施和市政设施等。

11.2 分类体系

11.2.1 绿道包括城镇型绿道和郊野型绿道。城镇型绿道宜结合城市道路网和绿地等设置，以城市道路为主要载体。郊野型绿道宜结合生态空间和公路网设置，以生态空间为主要载体。

11.2.2 根据空间尺度、功能定位和连接功能区类型等，绿道分为市级绿道、区级绿道和社区级绿道。

11.3 规划要求

11.3.1 为便民、利民，绿道应与市政道路有良好的衔接。

11.3.2 单条绿道的游径系统长度不应低于 0.5 km。

11.3.3 依托城市道路设置的城镇型绿道的步行道与机动车道之间宜设置硬质隔离设施，隔离空间宜大于 2 m。

11.3.4 城镇型绿道的绿廊总宽度不宜小于 5 m，郊野型绿道的绿廊总宽度不宜小于 8 m，对有特殊景观要求的绿道的绿廊宽度可专题研究确定。

11.3.5 附属设施应根据绿道的分类、分级和规划建设条件等设置，宜充分利用现有设施。

12 交通广场

12.1 一般规定

12.1.1 交通广场是交通枢纽的组成部分，是交通集散的重要节点，具有交通组织和交通管理等功能。

12.1.2 交通广场规划在满足安全、便捷和高效的要求外，尚应满足以人为本、疏密有致和功能完整等要求。

12.2 设施分类

12.2.1 交通广场可分为道路广场和集散广场。

12.2.2 道路广场是道路交叉口功能的扩展，以疏导多条道路交汇产生的不同方向车流为主。

12.2.3 集散广场是交通枢纽、大型公共建筑及轨道交通车站等用于集散人流和车流的公共空间。

12.3 设施布局

12.3.1 道路广场可与市政广场结合设置，但应合理确定平面布局和交通组织方案等，以减少交通干扰。

12.3.2 集散广场应结合道路和公共交通设施等一体化设计，合理集散车流和人流，塑造宜人的公共空间。

12.3.3 交通枢纽应利用换乘空间设置集散广场。铁路车站出入口处应设置集散广场。三线(含)以上换乘或高峰进出站量大于2万人次的轨道交通车站，在基本换乘空间基础上，宜增加不小于

500 m^2 的集散广场。

12.3.4 集散广场应根据交通特征因地制宜布置，尽量减少人车干扰，确保行人安全和车流通畅。集散广场边界不宜采用围合形式，停车场（库）应设置在集散广场外围或立体化布置。

12.4 用地标准

12.4.1 集散广场规模与交通流量大小、交通组织方式等相关。集散广场的规模由聚集人流量决定，集散广场的人流密度宜为 0.5 人/m^2～1.0 人/m^2。

12.4.2 道路广场宜以道路用地（S1）或公路用地（T2）予以规划控制，集散广场宜以广场用地（S5）予以规划控制。

本标准用词说明

1 为便于在执行本标准条文时区别对待，对要求严格程度不同的用词说明如下：

1）表示很严格，非这样做不可的用词：
正面词采用“必须”；
反面词采用“严禁”。

2）表示严格，在正常情况下均应这样做的用词：
正面词采用“应”；
反面词采用“不应”或“不得”。

3）表示允许稍有选择，在条件许可时首先应这样做的用词：
正面词采用“宜”；
反面词采用“不宜”。

4）表示有选择，在一定条件下可以这样做的用词，采用“可”。

2 条文中指明应按其他有关标准执行时的写法为“应符合……的规定”或“应按……执行”。

引用标准名录

1 《城市综合交通体系规划标准》GB/T 51328
2 《公路立体交叉设计细则》JTG/T D21
3 《海港总体设计规范》JTS 165
4 《城市快速路设计规程》CJJ 129
5 《城市道路交叉口设计规程》CJJ 152
6 《建筑工程交通设计及停车库(场)设置标准》DG/TJ 08—7
7 《城市道路立体交叉规划与设计标准》DG/TJ 08—2283

上海市工程建设规范

道路与交通设施规划标准

DG/TJ 08—2393—2021
J 16109—2022

条 文 说 明

2022　上海

目　次

Contents

1 总 则

1.0.2 上海市国土空间规划包括总体规划层次、单元规划层次和详细规划层次。总体规划层次包括上海市国土空间总体规划(省级国土空间总体规划)、浦东新区和各郊区国土空间总体规划(市县级国土空间总体规划)、专项规划(总体规划层次)。单元规划层次包括主城区单元规划、新市镇国土空间总体规划(乡镇级国土空间总体规划)、特定政策区单元规划。详细规划层次包括控制性详细规划、郊野单元村庄规划、专项规划(详细规划层次)。总体规划和单元层次的国土空间规划宜确定道路系统和交通设施布局,详细规划层次的国土空间规划宜确定道路选线和交通设施选址及相关规划控制条件。

3 道路系统

3.1 一般规定

3.1.2 因经济社会发展和交通系统完善的需要，经充分论证，在不影响道路系统整体功能的前提下，可通过道路选线专项规划调整道路系统规划所确定的相关内容。

3.2 分类体系

3.2.1 为适应国土空间规划编制要求，并与上海市城乡规划编制体系相匹配，践行密、窄路网规划理念，本标准将村庄道路和公共通道纳入道路系统，郊野单元村庄规划确定村庄道路，控制性详细规划确定公共通道。公共通道和村庄道路的设计标准可参照城市支路和四级公路的相关规定。建议公共通道采用属地化管理，由所在街道或乡镇管辖。对于北横地道等较长地下道路，参照现行国家标准《城市综合交通体系规划标准》GB/T 51328，道路等级可为Ⅰ级主干路。村庄道路按功能可划分为生活性道路和生产性道路。生活性道路主要分布在农村居民点内。根据现行国家标准《土地利用现状分类》GB/T 21010，生产性道路主要用于村间、田间交通运输，以服务于农村农业生产为主要用途的道路(含机耕道)，宽度宜在 8 m(含)以内。

3.2.2，3.2.3 公路等级一般包括行政等级和技术等级。行政等级属于行业管理范畴，涉及公路事权管理以及各级政府财政支出等具体事务，在规划编制阶段，通常不能确定该类具体事项。技术等级分类是为具体的道路设计服务，需要在设计阶段根据地质、地貌、资金等综合确定，规划编制阶段通常也不能确定每条道路的技术等级。另外，为了给道路管理部门和设计人员后续工作留有弹性，不宜在规划阶段确定行政等级和技术等级。为此，本标准采用《上海市城市总体规划(1999—2020 年)》和《上海市城市总体规划(2017—2035 年)》中对公路的分类，即高速公路、主要公路、次要公路和一般公路，称其为规划等级，兼容行政等级和技术等级。上海市空间尺度远小于一般省级行政区，并且城镇化率高，较少出现一级公路。从目前建设情况看，二级公路占比较高，但上海的二级公路不限于《公路工程技术标准》JTG B01 和《公路路线设计规范》JTG D20 的规定，通常采用以上标准中的线形技术指标，而车道数一般根据交通需求确定。高速公路、主要公路的行政等级宜为国道和省道，次要公路的行政等级宜为县道，一般公路的行政等级宜为乡道和村道。

3.2.4 上海市城镇化率高，位于城市开发边界内的公路里程占比较大，达 40%左右。为了更好地服务国土空间规划，指导后续具体项目建设，本标准提出城镇化地区的公路宜采用相应的城市道路建设标准。经过城市开发边界内的公路在路网密度计算、横断面布置和沿线出入口间距控制等方面，宜按相应的城市道路考虑，并采用相应的城市道路建设标准。

3.2.5 道路立体交叉分类及相关规定与现行上海市工程建设规范《城市道路立体交叉规划与设计标准》DG/TJ 08—2283 相同。

3.2.6 本条规定与《上海市城市规划管理技术规定(2011 修订版)》基本相同。

3.3 系统布局

3.3.2 本条规定参照现行国家标准《镇规划标准》GB 50188 制定，主要针对规划高速公路和主要公路。已建成的穿越城区、镇区以及村庄内部的公路，可通过增加外围绕行道路、工程改建和交通管理等措施加以改善。

3.3.4 现行行业标准《公路路线设计规范》JTG D20 规定：高速公路相邻互通式立体交叉间距不宜小于 4.0 km。结合上海市已建高速公路现状调查，本标准采用值与其一致。现行行业标准《公路路线设计规范》JTG D20 规定：一级集散公路平面交叉口最小间距 1.0 km，二级干线公路平面交叉口最小间距 500 m。主要公路平面交叉口最小间距参照一级集散公路规定，次要公路参照二级干线公路规定。

3.3.5 城市路网形态包括方格网式、放射环式、自由式和混合式等几种，方格网式是容错能力较强、自由度较高、可达性较好的路网形态，对行人和自行车的服务也较好，规划新建地区的干路网形态以选择方格网式比较适宜。城市道路系统增加公共通道后，全路网密度要求在 8 km/km^2 以上。以中心城为例，既有规划市政道路（用道路红线控制的道路）网密度约 6 km/km^2。建成区新增公共通道比较困难，可通过开放地块内的部分街坊道路提高全路网密度。城市更新和规划新建地区，在满足市政道路网密度不低于 6 km/km^2 的前提下，市政道路和公共通道的里程，可结合具体项目灵活确定。对不同等级的城市道路配比，目前并无明确规定，结合中心城和新城道路规划建设情况，配置快速路的道路网结构，快速路、主干路、次干路、支路可按 1∶2∶3∶9 设置，快速路网密度按 0.4 km/km^2～0.6 km/km^2 计算，市政道路网密度可达 6 km/km^2～9 km/km^2。如不配置快速路，主干路网密度按 0.8 km/km^2～1.2 km/km^2 计算，市政道路网密度可达 5.6 km/km^2～8.4 km/km^2。为进一步增强道路网连通性，提高慢行交通可达性，可结合干道过街设施布局、商业广场等，规划建设服务行人的高架或地道连廊。

3.3.6 结合上海市已建的嘉闵高架路、崧泽高架路、华夏高架路等专用快速路互通式立体交叉间距调查，并满足现行行业标准《城市快速设计规程》CJJ 129 中出入口最小间距要求，提出专用快速路互通式立体交叉最小间距不宜小于 1.5 km。城市快速路互通式立体交叉间距参照现行上海市工程建设规范《城市道路立体交叉规划与设计标准》DG/TJ 08—2283 制定。

3.3.7 城市主干路、次干路沿线平面交叉口指对主线交通连续通过有影响的平面交叉口，若横向道路采用“右进右出”管理的平面交叉口则不纳入统计。根据现状中心城部分道路平面交叉口间距调查：主干路平均交叉口间距为 250 m～750 m，其中杨高北路、龙华西路～龙吴路平均交叉口间距为 700 m 左右，比较契合主干路的交通特征，通行效率较高；次干路平均交叉口间距为 200 m～500 m，其中东方路、世纪大道、张杨北路～张杨路等部分次干路平均交叉口间距为 400 m 左右；支路平均交叉口间距为 80 m～350 m，其中黄浦区的广东路、贵州路等部分支路平均交叉口间距为 100 m 左右。建议主干路沿线平面交叉口平均间距采用 700 m；建议次干路沿线平面交叉口平均间距采用 400 m，以兼顾机动车通行效率和慢行交通出行便利；考虑国内土地出让和开发倾向大型地块的实际情况，建议支路沿线平面交叉口平均间距采用 200 m。

3.3.10 其他设施指占用步行空间的市政、消防和交通等设施。

3.4 用地标准

3.4.1 公路红线规划主要考虑交通量、市政管线、边沟以及路内绿化等因素，应满足公路建设用地需求，因交叉口展宽和公交站点设置等需要局部拓宽红线，应结合具体方案研究确定。根据《公路保护条例》(中华人民共和国国务院令第 593 号，2011 年)，公路两侧须设置建筑控制区，隔离带是建筑控制区的规划实现，公路隔离带宽度不小于建筑控制区宽度要求。本条中关于公路隔离带宽度参照现行国家标准《城市对外交通规划规范》GB 50925 和《上海市城市规划管理技术规定》(市人民政府令(2010)52 号)制定。

3.4.2 快速路红线宽度需满足辅路设置要求,应提倡立体交通处理手法以节约集约用地。主干路和次干路红线宽度需满足不同车道规模设置要求。支路红线宽度考虑车道规模之外,还需兼顾特殊地区(学校、医院等)在支路上设置临时停车位的需要。因交叉口展宽和公交站点设置等需要局部拓宽红线,应结合具体方案研究确定。

3.4.3 本条规定参照《上海市控制性详细规划技术准则(2016年修订版)》(沪规土资详〔2016〕968号)中轨道交通控制线规定,并结合北横地道、漕宝路地道等规划实践制定。在隧道控制线范围内进行建设活动,应征得相关管理部门同意,并采取相应的安全保护措施。

3.4.4 公路立体交叉用地规模可参照《上海市基础设施用地标准(试行)》(沪建交联〔2007〕548号)相关规定。

4 道路附属设施

4.1 一般规定

4.1.2 道路附属设施应在总体规划和单元规划层次的国土空间规划中确定规模和布局，在详细规划层次的国土空间规划中落实用地边界及其他控制要素。

4.2 设施分类

4.2.1 地下道路排风塔、应急救援点等需要在项目建设阶段确定的设施，根据相关技术规定、行业管理需要和环保部门要求等，由专项规划或控制性详细规划落实。应急救援点的救援线路长度和救援时间应控制在合理范围内，并应满足应急救援要求。

4.2.2 根据现行行业标准《公路工程技术标准》JTG B01 规定：高速公路服务区应设置停车场、公共厕所、加油站、车辆维修站等设施；普通公路服务区宜设置停车场、加油站、公共厕所、室外休息点等设施，有条件时可设置餐饮、商品零售点、车辆加水等设施。其他服务区指高速公路服务区和普通公路服务区之外，因特殊需要而设置的服务区，如服务上海港的集卡服务区，具体功能和规模通过专题研究确定。《浙江省"十三五"普通公路服务站建设实施意见(试行)》将普通公路服务区分为综合服务站、一般服务站和一般服务点。根据上海市实际情况和现行行业标准《公路工程技术标准》JTG B01 的规定，参照浙江省普通公路服务区分类，上海市普通公路服务区分为服务站和服务点，主要功能包括公共厕所、停车场、室外休息点和加油站等(表 1)。

表 1　上海市普通公路服务区分类及功能

类型	公路等级	功能
服务站	一、二级公路	公共厕所、停车场、室外休息点、加油站
服务点		公共厕所、停车场、室外休息点

4.2.4　养护设施分类与《公路工程项目建设用地指标》(建标〔2011〕124 号)规定相同。

4.3　设施布局

4.3.1　根据现行行业标准《公路工程技术标准》JTG B01 规定,作为干线的一、二级公路宜设置服务区,服务区平均间距宜为 50 km。上海市内长度大于 50 km 的普通公路极少,并且多数公路经过城市开发边界内,结合上海市实际情况将普通公路服务区间距调整为 30 km。

4.3.2　上海市高速公路和中心城快速路已成网,管理中心布局应基于高速公路网和快速路网整体研究确定。桥梁、隧道群:2 处(含)以上的桥梁组合;2 处(含)以上的隧道组合;2 处(含)以上的桥梁和隧道组合。桥隧和地下道路管理中心的位置应便于日常维护管理以及在突发事件下应急处置,该规定与现行行业标准《城市地下道路工程设计规范》CJJ 221 相同。

4.3.3　本条规定参照《公路工程项目建设用地指标》(建标〔2011〕124 号)制定。

4.3.4　当前国内外城市利用高架桥下空间作为市政道路和公路的管养设施比较常见。近年来,上海市新建高速公路的收费站管理用房选址通常利用高架桥下空间,中心城内部分高架桥下空间已用于市政道路养护管理用房。

4.4　用地标准

4.4.1　根据上海市高速公路服务区调查,现状上海市高速公路服务区单侧用地面积一般不超过 15 000 m²(表 2)。结合现状调查和既有规范梳理，本标准确定的高速公路服务区用地规模与《上海市基础设施用地指标(试行)》(沪建交联〔2007〕548 号)规定一致。当用地规模超过本标准规定时，应根据实际需要专题论证确定。

表 2 现状上海市部分高速公路服务区用地规模

服务区名称	占地面积(m²)	位置
上海绕城高速(G1503)合庆服务区	14 820	东侧
	10 135	西侧
上海绕城高速(G1503)小昆山服务区	4 700	东侧
	18 450	西侧
上海绕城高速(G1503)庄行服务区	21 860	北侧，单向服务
沪陕高速(G40)崇明岛服务区	11 000	南侧
	11 000	北侧
沪陕高速(G40)长兴岛服务区	9 130	南侧
	8 385	北侧
沈海高速(G15)叶榭服务区	7 980	东侧
	11 400	西侧
沈海高速(G15)沪浙服务区	10 180	南侧
	4 845	北侧
申嘉湖高速(S32)练塘服务区	26 580	单侧，双向服务
沪渝高速(G50)淀山湖服务区	11 700	南侧
	5 860	北侧

4.4.2 上海市已建普通公路服务区较少，现状已建陈海公路向化服务区结合农家乐设置，占地约 3 500 m²，包括停车场、公共厕所、充电桩等。陈海公路港东服务区结合农产品展销中心设置，占地面积约 1.6 ha，其中停车区面积约 3 200 m²。经调研，浙江省普通公路服务区用地规模一般不超过 3 500 m²。结合上海市实

际情况，本标准将上海市普通公路服务区用地规模确定为 1 000 m^2～4 000 m^2。

4.4.3 本条规定与《上海市基础设施用地指标（试行）》（沪建交联〔2007〕548 号）一致。高速公路省界收费站取消后，收费站管理设施和收费站广场的后续利用应专题研究确定。高速公路收费站广场用地规模可按《公路工程项目建设用地指标》（建标〔2011〕124 号）规定执行。

4.4.4 市境道口综合检查站通常位于上海市界附近，选址一般位于城市开发边界外，是服务进出上海车辆的公共基础设施。结合市境道口综合检查站的功能和区位，本标准认为，在总平面布局和建筑方案设计时，不应对绿地指标和建筑退界作强制规定。通过梳理沪太公路、沪宜公路、曹安公路、沪青平公路、兴新公路、金山大道等现状 29 处公路道口附属设施用地规模，结合近年来上海市与江苏省、浙江省“两省一市”对接道路专项规划编制情况，提出主要公路、次要公路和一般公路等三类道口综合检查站的用地规模。高速公路的市境道口综合检查站不应单独设置，应结合高速公路服务区综合设置，目前上海市和国内其他省市缺少相关案例，尚不具备确定用地标准的条件。

4.4.5 养护工区用地规模参照《公路工程项目建设用地指标》（建标〔2011〕124 号）规定上限值。结合北青公路、南芦公路、大叶公路等 25 处现状道班房调研情况，提出道班房用地规模上限值。

4.4.6 高速公路网和快速路网的管理中心用地规模应专题研究确定。跨长江和杭州湾的通道以及其他特大桥梁、特长隧道的管理中心应专题研究确定。

5 客运枢纽

5.1 一般规定

5.1.1 客运枢纽是引导城市空间布局优化的重要途径，应与城市用地规划相协调，与城市更新、地区开发相结合。同时，客运枢纽是不同性质客流转换、集散的场所和客运一体化的关键，规划布局应强化与对内及对外交通方式相衔接。

5.1.2 为落实国土空间规划体系对于客运枢纽布局规划的要求，应强化从引导空间布局、衔接对内及对外交通方式等角度出发，按照“统一规划、分级落实”的原则，纳入各层次国土空间规划，并兼顾刚性和弹性。

1 总体规划层次应重点依托区域交通廊道，对对外客运枢纽进行统筹布局，完善“枢纽型功能引领、网络化设施支撑、多方式紧密衔接”的交通网络，强化对城镇空间布局的高效引导，增强重要城镇节点的综合性功能和门户作用，突出对多种交通方式的有效整合。

2 单元规划层次是总体规划层次的传导和落实，突出以公共交通提升空间组织效能，客运枢纽布局侧重于协调性。应结合综合运输网络设施，围绕公共活动中心、城市更新地区、TOD 开发地区等，设置市内客运枢纽，并按照节约集约利用土地的原则，研究综合开发的必要性和可行性。

3 详细规划层次侧重实施性，应明确客运枢纽用地范围和建设形式，并落实到图则深度。合理布局用地内的站场、公交站点以及出入口等。鼓励市内客运枢纽与公共设施用地布局相结合。

5.2 设施分类

5.2.1 客运枢纽按照功能，分为对外枢纽、市内枢纽和为特定设施服务的枢纽；按照交通方式，分为不同交通方式换乘枢纽和相同交通方式转换枢纽；按照交通组织，分为公共交通首末端换乘枢纽和公共交通中途站换乘枢纽；按照布置形式，分为立体枢纽和平面枢纽。上海作为超大城市，客运枢纽分类应从功能主导出发，分为对外客运枢纽、市内客运枢纽和为特定设施服务的客运枢纽三类。

5.2.2 上海市控制性详细规划技术准则将客运枢纽按照 A—D 划分为四类，在推动长三角区域一体化以及建设上海全球城市的背景下，需要更加注重提高节点城市能级、锚固系统网络、强化衔接换乘等。为此，本标准延续了《上海市城市总体规划（2017—2035 年）》提出的客运枢纽分类、分级思路，形成了“三类五级”的客运枢纽体系：“三类”指对外客运枢纽、市内客运枢纽和为特定设施服务的客运枢纽，“五级”指国际（国家）级枢纽、区域级枢纽、城市级枢纽、市域枢纽和大型换乘枢纽。

5.3 设施布局

5.3.1 国际（国家）级枢纽承担城市群间交通中转、与市内集散交通的中转和衔接功能，服务上海乃至长三角区域、长江流域、沿海经济带等腹地。

5.3.2 区域级枢纽承担部分跨城市群的客运交通、长三角城市群主要城市间的中长距离城际交通与市内集散交通的衔接功能。

5.3.3 城市级枢纽承担主城区、城镇圈与长三角区域的城际交通与市内交通的衔接功能，辅助中长距离城际交通出行，作为市域线接入中心城的转换节点。根据现行上海市工程建设规范《轨道交通规划设计标准》DG/TJ 08—2325，本市轨道交通线网包含市域线、市区线和局域线三个功能层次：市域线主要服务于主城区与新城及近沪城镇、新城之间的快速、中长距离联系，并兼顾主要新市镇；市区线主要服务主城区主要和次要客流走廊，满足大运量、高频率和高可靠性的公交需求；局域线主要作为大容量快速轨道交通的补充和接驳，或服务局部地区普通客流、中客流走廊，提升地区公交服务水平。

5.3.4 市域枢纽主要承担主城区与城镇圈之间的城际交通转换功能。多模式轨道交通包括市域线、市区线和局域线。

5.3.5 大型换乘枢纽承担轨道交通多线路的换乘和地区客流集散功能，强化对重点发展地区及公共活动集聚地区的支撑，宜在主城区和城镇圈结合公共活动中心设置。

5.4 用地标准

5.4.1 随着城市建设的持续推进并逐步进入城市更新阶段，独立选址建设客运枢纽的难度越来越大。根据《上海市控制性详细规划技术准则（2016 年修订版）》（沪府办〔2016〕90 号）规定，在条件允许的情况下，客运枢纽可与公共设施用地、社会停车场用地、轨道站线用地等结合设置。国际（国家）级、区域级客运枢纽以交通功能为主，用地规模较大，应采用独立用地布局。

5.4.2 《上海市节约集约建设用地标准》研究（2014）为上海贯彻落实节约集约用地要求，发挥了积极重要的作用。客运枢纽用地规模应根据功能和需求予以控制，各线路的服务设施应尽可能共享，鼓励设施布置向立体化发展。

5.4.3 客运枢纽在规划选址阶段应明确用地规模、枢纽内站场设施布局、基地出入口设置以及综合开发规模等。当客运枢纽产生的交通量造成地区交通负荷过高或对地区交通产生不利影响时，首先应重新论证并减少客运枢纽中非交通设施的规模，其次应重新论证客运枢纽中交通设施的合理规模。

5.4.4 既有规范、标准对客运枢纽用地性质的规定有所差异，如《上海市控制性详细规划技术准则（2016 年修订版）》（沪府办〔2016〕90 号）中 S4、S6 均为公交枢纽用地，而现行上海市工程建设规范《上海市郊区新市镇及中心村规划编制技术标准（试行）》DG/TJ 08—2016 中公共交通设施用地性质为 U2。本标准采用《上海市控制性详细规划技术准则（2016 年修订版）》（沪府办〔2016〕90 号）规定，对外客运枢纽的用地性质为对外交通用地（T）、市内客运枢纽的用地性质为综合交通枢纽用地（S6）。为特定设施服务的客运枢纽将根据功能进一步论证，明确用地类型。

6　货运枢纽

6.1　一般规定

6.1.2　《上海市城市总体规划(2017—2035 年)》提出要建立现代化物流发展模式,按照“口岸物流互通、工业物流集中、城市物流分散”的原则,完善货运交通基础设施,调整优化物流运输结构,采取铁路、海运等联运方式提高物流效率。为落实《上海市城市总体规划(2017—2035 年)》,货运枢纽规划布局应纳入国土空间规划体系:总体规划层次,应明确各级货运枢纽的功能、布局及主要集疏运通道;单元规划层次,应明确单元规划范围内各级货运枢纽的位置、规模,落实到图则深度或点位控制的街坊深度,细化集疏运系统规划方案;详细规划层次,细化规划编制范围内货运枢纽用地及其他配套设施的管控要求,并落实到图则深度。

6.2　设施分类

6.2.1　货运枢纽存在多种分类:按运输方式,可分为铁路货运枢纽、公路货运枢纽、水路货运枢纽和航空货运枢纽等;按主导功能,可分为综合型场站、运输型场站、仓储型场站和信息型场站等;按业务类别,可分为零担货运站、集装箱中转站和综合货运枢纽等。本条规定与《上海市城市总体规划(2017—2035 年)》一致。

6.2.2　综合货运枢纽是上海国际航运中心和国家物流枢纽的主要载体,也是承接现状与城市发展导向不符的道路货运站、集装箱堆场等转移的主要依托,在功能上应体现“物流化”服务理念,涵盖甩挂运输、零担货运、配载、特种运输、仓储、流通加工、配送、交易展示、保税物流、信息服务等物流功能，以及停车、汽修、汽配、加油、清洗、住宿、餐饮等配套服务功能。

6.2.3 专业物流中心主要以承载先进制造业的产业基地、产业社区为服务对象，在功能上应能针对特定服务对象提供货物运输和相关配套服务。

6.2.4 物流配送中心应能为配送物流提供仓储、分拣、配载、装卸、停车、流通、加工及信息等服务。

6.3 设施布局

6.3.2 根据《上海市城市总体规划（2017—2035 年）》，综合货运枢纽包括依托于港口的洋山枢纽和外高桥枢纽，依托机场的浦东枢纽和虹桥枢纽，以及依托铁路货站的四团、徐行、新浜和陆家浜枢纽等。

6.3.3 根据《上海市城市总体规划（2017—2035 年）》，结合铁路货站、内河港区和公路运输通道，依托嘉定汽车产业基地、临港装备业基地、长兴岛船舶基地、宝山钢铁基地、上海化工经济技术开发区等规划专业物流中心。

6.3.4 物流配送中心应注重对接市场需求，并能与干线道路、铁路货站、机场等设施有良好的衔接。

6.4 用地标准

6.4.1 货运枢纽用地规模的确定需要考虑上位规划中对该枢纽的功能定位、相关标准的要求、业务量需求等因素。现行相关标准包括国家标准《物流园区分类与规划基本要求》GB/T 21334、《物流中心分类与规划基本要求》GB/T 24358 和行业标准《公路货运站站级标准及建设要求》JT/T 402 等。

6.4.3 根据《上海市控制性详细规划技术准则（2016 年修订版）》

(沪府办〔2016〕90 号)给出的城乡建设用地分类,货运枢纽一般属于仓储物流用地(W),其范围涵盖仓储企业的库房、堆场和物流企业的配载、分装车间、运输及其附属设施等用地。需要强调的是,货运枢纽中铁路、码头等部分的用地较为特殊,一般以对外交通用地(T)控制,如铁路货运枢纽通常以铁路用地(T1)进行控制,而码头部分通常以港口用地(T4)进行控制。

7　停车设施

7.2　设施布局

7.2.3　“在公共活动中心不宜大于 300 m，在其他地区不宜大于 500 m”与《上海市控制性详细规划技术准则（2016 年修订版）》（沪府办〔2016〕90 号）规定相同。“每处公共停车场（库）的机动车泊位数宜控制在 50 个～300 个，不应大于 500 个”参照《上海市控制性详细规划技术准则（2016 年修订版）》（沪府办〔2016〕90 号）制定。

7.2.4　医院、学校由于客流的特殊性，临时停车需求较大，存在常态化的停车困难，对周边地区影响较大。目前，规范对学校有临时停车位的规定，但是配建指标过低，仍无法满足需求。本标准鼓励在有条件的情况下，适当考虑临时停车需求，划定服务接送患者和学生的临时停车区，以降低对地区交通的影响。中心城学校周边由于接送学生造成地区交通拥堵已是常态，为此，交通管理部门出台了一系列举措，如划定分时停车位等，但仍无法从根本上解决问题。本标准编制期间，编制组调研了宁波市的德培小学，德培小学利用校内操场的地下空间建设了地下接送系统，将机动车引入地下，避免对学校周边道路交通的直接影响，并保障了学生安全，对上海市有较大借鉴意义。

7.2.8　“P＋R”（Park and Ride）是停车换乘系统的简称，起源于西方发达国家，伴随个体机动化发展而兴起，已有数十年的发展经验。“P＋R”通过在城市主要通勤通道上建设公共停车场，诱导小汽车出行者换乘公共交通（如轨道交通或公共汽电车）到达目的地，通过较低的停车收费和便捷的换乘，将部分小汽车出行需求吸引到以轨道交通为主体的公共交通出行中，抑制了小汽车直接进入中心城的需求，是缓解中心城交通拥堵和停车难的有效措施。中心城内部和新城内部原则上不规划新增“P＋R”停车场(库)，确有需要，经论证后可增设。

7.3 规划指标

7.3.2 上海市一直倡导以公共交通为导向的城市空间发展模式，适度提高轨道交通车站周边的土地开发强度。高强度开发必然带来大量的人流和车流，为优化地区交通，一方面鼓励公共交通出行，另一方面从停车供给来抑制机动车出行需求，对商业、办公等高强度开发地块停车配建给予折减。“轨道交通车站 300 m 服务范围内的商业服务业、商务办公用地的机动车停车配建标准可按 0.8 的系数进行折减”参照《上海市控制性详细规划技术准则(2016 年修订版)》(沪府办〔2016〕90 号)制定。对于各种性质混合的建筑物，考虑各种业态停车需求和特征的不同，可错时共享，配建停车位规模可适当降低。

7.3.3 根据对上海市已实施的 19 处“P＋R”停车场(库)调查，每处机动车停车位均低于 1 000 个。结合现状和规划建设情况，提出“P＋R”停车场(库)的机动车停车位数不宜大于 1 000 个。

7.4 用地标准

7.4.1～7.4.3 与现行国家标准《城市停车规划规范》GB/T 51149 规定相同。

8 公交场站

8.2 设施布局

8.2.2 根据本市公交停车场和公交停保场的规划建设情况，结合现行上海市工程建设规范《公交场站规划用地及建设标准》DG/TJ 08—2057 的相关规定，主城区公交停车场服务半径确定为 5 km 左右。

8.3 用地标准

8.3.1 根据现行上海市工程建设规范《公交场站规划用地及建设标准》DG/TJ 08—2057，公交首末站、公交枢纽站综合服务设施包括管理用房、候车站台、信息标识、公众服务设施。本条规定中的公交首末站、公交枢纽站用地规模未考虑绿地率，如相关部门提出绿地指标要求，经论证可适当增加用地规模。

8.3.2 考虑建设规模、经济条件等因素，公交停车场、公交停保场未能立体化建设时，经论证，可适当增加用地规模，但公交停车场用地不宜大于 150 m^2/标准车，公交停保场用地不宜大于 200 m^2/标准车。

9 港口设施

9.1 一般规定

9.1.1 现行港口设施相关国家标准、行业标准具有全国普适性，与上海市在新时代背景下建设上海国际航运中心的新要求存在着一定的不适应，具体表现在以下几个方面。

1 现行的国家标准、行业标准以最大化港口运营效率为核心目标和原则，对港口岸线、土地资源节约方面要求相对不高。而上海市的城市特点是土地资源、港口岸线资源稀缺，对土地资源、岸线资源集约化使用、综合复合利用的要求显著高于全国平均水平。

2 现行的国家标准、行业标准更多关注大型货运港口设施。上海市在2020年初步建成上海国际航运中心的基础上，未来港口设施关注的重点呈现两个方面的转变。一是更多的由"货"向"人"转变，结合上海市黄浦江、苏州河"一江一河"公共空间贯通，上海市未来的港口设施更多的向轮渡、游船、游艇等客运设施及公务码头设施转变；二是由"外"向"内"转变，结合上海市"一环十射"内河航道网络和内河港口体系，未来港口设施将更多的向内河航运设施转变。

3 不满足港城融合需求。随着上海市城市空间拓展，港城融合发展成为上海市城市发展的新趋势、新特点，加强港口设施的市政交通设施配套和空间开放是上海港口和码头规划的新要求。

4 黄浦江（闵行电厂～吴淞口）属于通航海轮航道，沿线港口设施按现行行业标准《海港总体设计规范》JTS 165 等执行，但这与黄浦江沿线功能转型、港城融合的发展趋势不相匹配。

因此，在现有规范的基础上，结合上海市的城市特点和发展趋势，有必要细化、补充、完善有关内容，形成符合上海市地方特点的港口设施规范，指导新时代背景下上海国际航运中心建设。

9.1.2 传统的港口设施规划以行业规划为主，确定用地、岸线规模和四至边界。在国土空间规划体系下更加注重各类资源的统筹平衡，应将码头设施规划纳入国土空间规划中统筹协调，落实港口和码头空间，并通过国土空间规划加强港城协调，预留相应的配套集疏运交通空间。

9.1.3 进一步明确港口设施层层落实的规划体系和机制。港口设施系统布局应通过国土空间规划（总体规划层次）、港口总体规划及相关系统规划确定，并在国土空间规划（单元规划层次）中予以平衡落实。具体用地规模、四至边界等控制要素应通过国土空间规划（详细规划层次），如专项规划、控制性详细规划等予以落实。

9.2 设施分类

9.2.1 根据《上海市内河水运发展规划（修订报告）》《上海港总体规划》《上海市内河港区布局规划（2007—2020 年）》等相关规划：上海市海港包括宝山罗泾港区、外高桥港区、杭州湾港区和崇明三岛港区等；上海市内河码头主要包括位于除海港外的内河水域码头，重点包括位于内河航道上的内河码头。

9.2.2 根据近年来开展港口设施规划工作，上海市港口设施主要包括海港货运码头（如外高桥港区六期码头等）、内河货运码头（如芦潮港内河码头等）、邮轮码头（如吴淞口邮轮码头等）、游船及轮渡码头（如黄浦江游船码头、轮渡码头等）、游艇码头、公务码头（如海事码头）、军用码头和其他码头（港航服务码头）等八大类。以上码头均为公共服务码头，而业主专用生产性码头（如宝钢专用码头等)不在本标准中作规定。

9.3 设施布局

9.3.1 海港码头规划依据主要为《上海市城市总体规划(2017—2035年)》《上海港总体规划》。内河货运码头规划依据主要为《上海市内河港区布局规划(2007—2020年)》。黄浦江核心段码头规划依据主要为《黄浦江岸线综合利用规划(核心段)》。如需调整,应开展相关规划调整工作。

9.4 用地标准

9.4.4 本条规定根据上海市实际情况,结合专家意见和相关专业单位的咨询意见制定。

10　交通能源(加注)站

10.1　一般规定

10.1.1　综合目前的发展趋势来看，机动车能源行业以传统燃油为主，新能源、清洁能源为辅，机动车能源主要有油、气、电和氢四种类型。现状交通能源（加注）站以加油站、加气站为主，充电站主要结合既有停车场（库）建设，上海地区尚未有独立用地的充电站，加氢站目前仍在试点建设阶段，尚未形成规模。交通能源（加注）站受能源行业、交通行业和城乡规划等影响较大。交通能源（加注）站作为交通基础设施，兼具公共性和商业性，其规划应坚持节约集约用地和可持续发展的原则。

10.1.2　交通能源（加注）站规划包括布局规划和选址规划，布局规划是选址规划的依据。根据上海市国土空间规划体系，国土空间规划（总体规划层次）应开展交通能源（加注）站布局规划，国土空间规划（详细规划层次）应开展交通能源（加注）站选址规划。交通能源（加注）站布局规划主要确定总体规模和系统布局方案，交通能源（加注）站选址规划主要服务于站点建设，落实站点的具体选址。交通能源（加注）站相较于其他公共设施，安全要求较高，规划应首先保障安全。

10.2　设施分类

10.2.1　交通能源主要分为油、气、电和氢四种类型，从节约集约用地和提高站点效益的角度考虑，综合能源（加注）站是顺应形势发展和市场需求的产物，但是多种能源的合建应以安全为前提，严格遵循现行相关建设标准。

10.2.3 考虑电动汽车充(换)电站目前的规划建设原则是“自用为主、公用为辅”“合建为主、单建为辅”,不鼓励大范围推广建设独立用地的充(换)电站,因而,独立设置的电动汽车充(换)电站不作为本标准的编制对象。但是综合能源(加注)站中不排除充(换)电设施,建设标准可参照现行上海市工程建设规范《电动汽车充电基础设施建设技术标准》DG/TJ 08—2093。

10.2.4 现行相关标准包括现行国家标准《加氢站安全技术规范》GB/T 34584、上海市地方标准《加油(加气)站电动汽车充电设施建设技术规范》DB41/T 2086 和《上海市控制性详细规划技术准则(2016 年修订版)》(沪府办〔2016〕90 号)等。

10.3 设施布局

10.3.1 加油站具备一定的公共服务属性,在以往的标准和规范中,强调站点的服务半径,以确保设施服务均等。但是从现状发展情况来看,不同区域的燃油需求差异较大,均匀的设施供给与不均匀的需求导致供需不平衡。因而,本标准提出“需求为主导,兼顾服务半径”的原则。综合其他城市的经验以及相关文献资料,关于加油站需求预测的方法有燃油日需求量测算法、服务半径测算法、现状站点调查法、类比法等。上海市以往的加油站规划中主要采用燃油日需求量测算法,主要影响因素有用地布局、用地强度、机动车保有量、车流量、车均燃油日消耗量、车辆平均出行概率等。《上海市控制性详细规划技术准则(2016 年修订版)》(沪府办〔2016〕90 号)中提出:主城区的加油(气)站服务半径宜控制在 0.9 km～1.2 km,郊区可根据需求适当增大服务半径。在此基础上,为进一步体现空间差异性,考虑到规划管理方式的差异,以城市开发边界内外来制定差异化的服务半径标准,城市开发边界内不再区分中心城和新城。

10.3.2 基于提高服务效率的角度，交通能源（加注）站应设置在交通量较大的干线道路附近，但是主干路（主要公路）一般服务于中长距离的交通出行，沿线交通能源（加注）站会对主线交通造成一定的干扰，综合来看，交通能源（加注）站宜沿次干路（次要公路）设置。交通能源（加注）站出入口设置应符合既有的交通管理规定，以保障交通能源（加注）站的有序运营。

10.4 用地标准

10.4.2 综合现状站点占地规模和目前执行的管理规定，并借鉴其他地区的管理规定，确定交通能源（加注）站的用地规模。上海市现状加油（气）站的占地规模大多在 1 000 m^2～2 500 m^2，近年来新建的站点大多在 2 000 m^2 左右（图 1）。根据《深圳市城市规划标准与准则》，加油站的用地规模指标分为两档，用地规模控制在1 000 m^2～2 500 m^2，加气站以撬装式为主，用地规模控制在 500 m^2～800 m^2。根据《香港规划标准与准则》，加油站的最小用地规模为 375 m^2，包含货车服务的加油站最小用地规模为 600 m^2，加油加气合建站的最小用地规模为 750 m^2。目前车用氢能处于试点应用阶段，还不足以支撑标准制定，建议待技术稳定并形成一定规模后，开展专题研究，确定用地标准。上海市充电设施遵循“自用为主，公用为辅”的规划原则，公用充电站宜结合公共停车场（库）建设，用地标准参照现行上海市工程建设规范《建筑工程交通设计及停车库（场）设置标准》DG/TJ 08—7 等。

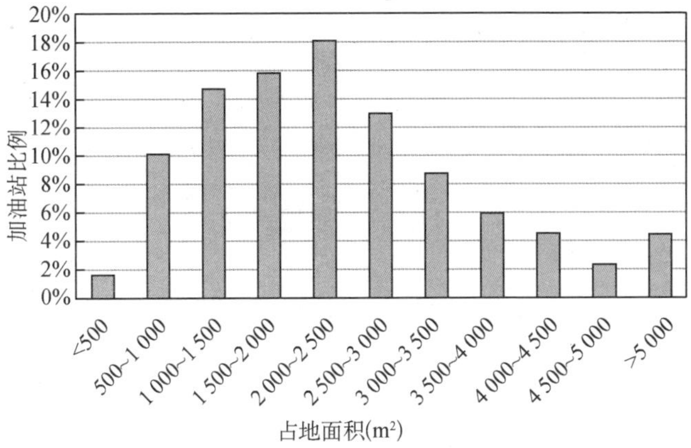

图 1　上海市现状加油(气)站用地面积比例分布图

10.4.3　考虑到货车尺寸较大,货车流量较大区域的交通能源(加注)站的用地规模经专项论证后可适当增加。

10.4.4　为减少不规则用地和实际使用之间的矛盾,本标准增加对地块形状的规定。

11　绿　道

11.1　一般规定

11.1.1　结合水系设置的绿道，应处理好与防汛通道的空间关系，尽可能做到设施共享。

11.2　分类体系

11.2.1　城镇型绿道宜根据城市空间结构及功能拓展方向，结合人流活动密集的重点地区进行布局，尽量串联城市各功能组团和邻近使用主体。郊野型绿道应避开生态保护核心区、生态敏感区等。

11.2.2　在上海市各层次规划中，都对绿道有明确要求：市总体规划需明确骨干绿道的长度，区总体规划要求构建“区域绿道—城市绿道—社区绿道”的绿道体系。本标准将绿道分为市级绿道、区级绿道和社区级绿道，并与区总体规划中的“区域绿道、城市绿道、社区绿道”相对应，《上海市城市总体规划（2017—2035 年）》中的骨干绿道即为市级绿道。

1　市级绿道：连接两个（含）以上行政区，结合全市生态走廊设置的绿道。

2　区级绿道：在区级行政区范围内，连接重要功能组团、各类绿色开敞空间和重要的自然与人文景观等的绿道。

3　社区级绿道：在乡镇和街道范围内，连接城乡居民点与其周边绿色开敞空间的绿道。

11.3 规划要求

11.3.1 市政道路指通过道路红线规划控制的城市道路和公路等。

11.3.3 结合城市道路设置的绿道，它既是绿道，同时也是城市道路系统的一部分，但更加注重慢行交通品质，绿道游径应设置与机动车道实现有效隔离的设施，包括绿化隔离带、隔离墩、护栏等。

12 交通广场

12.2 设施分类

12.2.1 广场可分为市政广场、交通广场和商业广场等。交通广场分为道路广场和集散广场，对于上海这样的超大城市，道路广场较少，本标准着重于集散广场。

12.3 设施布局

12.3.1 在交通量较低的城镇，可结合市政广场设置道路广场，展现城镇风貌，形成镇域地理标识。设置道路广场的道路宜选择次要公路(次干路)及以下等级的道路。

12.3.2 集散广场通常结合火车站、汽车站和大型公共设施等其他设施综合设置，且集散广场需要通过周边道路进行交通集散，因此集散广场需结合道路和公共交通设施等一体化设计。

12.3.4 广场围合度是指实体边界占整个边界的比例，不同围合度可以形成不同的空间感受。多方向疏散交通是集散广场主要功能，并且集散广场应形成疏朗、开阔的空间，因此集散广场不宜采用围合形式。

12.4 用地标准

12.4.1 对于多种交通方式集合的集散广场，其规模可结合功能和交通量确定，具体规模计算可参照现行国家标准《城市综合交通体系规划标准》GB/T 51328；而对于单纯的人流集散广场，规模可按超高峰客流密度计算，超高峰客流一般取值 5 min～15 min 内的瞬时客流。现行行业标准《交通客运站建筑设计规范》JGJ/T 60 规定“一、二级交通客运站站前广场的规模，每人不宜小于 1.5 m^2”，参照该规定，将集散广场的人流密度确定为 0.5 人/m^2～1.0 人/m^2。